NN12

NN12

Gracia Morales

Tradução Gilberto Gawronski

Cobogó

A Acción Cultural Española - AC/E é uma entidade estatal cuja missão é difundir e divulgar a cultura espanhola, seus acontecimentos e protagonistas, dentro e fora de nossas fronteiras. No Programa de Intercâmbio Cultural Brasil-Espanha, essa missão se concretiza graças ao apoio do TEMPO_FESTIVAL, do Rio de Janeiro, que convidou a Editora Cobogó para fazer a edição em português de dez textos fundamentais do teatro contemporâneo espanhol, e contou com a colaboração de quatro dos festivais internacionais de teatro de maior prestígio no Brasil. Estão envolvidos no projeto: Cena Contemporânea – Festival Internacional de Teatro de Brasília; Porto Alegre em Cena – Festival Internacional de Artes Cênicas; Festival Internacional de Artes Cênicas da Bahia – FIAC; Janeiro de Grandes Espetáculos – Festival Internacional de Artes Cênicas de Pernambuco; além do TEMPO_FESTIVAL, Festival Internacional de Artes Cênicas do Rio de Janeiro.

Cada festival colaborou indicando diferentes artistas de teatro brasileiros para traduzir as obras do espanhol para o português e organizando residências para os artistas, tradutores e autores que farão em seguida as leituras dramatizadas para o público dos festivais.

Para a seleção de textos e de autores, estabelecemos uma série de critérios: que fossem peças escritas neste século XXI, de autores vivos ganhadores de pelo menos um prêmio importante de dramaturgia, que as peças pudessem ser levadas aos palcos tanto pelo interesse intrínseco do texto quanto por sua viabilidade econômica, e, por último, que elas girassem em torno de uma temática geral que aproximasse nossos autores de um público com conhecimento escasso da dramaturgia contemporânea espanhola, com especial atenção para os gostos e preferências do público brasileiro.

Um grupo de diretores de teatro foi encarregado pela AC/E de fazer a seleção dos autores e das obras. Assim, Guillermo Heras, Eduardo Vasco, Carme Portaceli, Ernesto Caballero, Juana Escabias e Eduardo Pérez Rasilla escolheram *A paz perpétua*, de Juan Mayorga, *Après moi le déluge (Depois de mim, o dilúvio)*, de Lluïsa Cunillé, *Atra bílis*, de Laila Ripoll, *Cachorro morto na lavanderia: os fortes*, de Angélica Liddell, *Cliff (Precipício)*, de Alberto Conejero, *Dentro da terra*, de Paco Bezerra, *Münchausen*, de Lucía Vilanova, *NN12*, de Gracia Morales, *O princípio de Arquimedes*, de Josep Maria Miró i Coromina e *Os corpos perdidos*, de José Manuel Mora. A seleção dos textos não foi fácil, dada a riqueza e a qualidade da produção recente espanhola.

A AC/E felicita a Editora Cobogó, os festivais, os autores e os tradutores pela aposta neste projeto, que tem a maior importância pela difusão que possibilita do teatro contemporâneo espanhol. Gostaríamos de agradecer especialmente a Márcia Dias, diretora do TEMPO_FESTIVAL, por sua estreita colaboração com a nossa entidade e com o projeto.

Teresa Lizaranzu
Acción Cultural Española – AC/E
Presidente

Sumário

Sobre a tradução brasileira   11

NN12   15

Por que publicar dramaturgia   75

Dramaturgia espanhola no Brasil   77

Sobre a tradução brasileira

Meu ofício sempre foi traduzir em cena as palavras de um autor, seja como diretor, cenógrafo ou ator. O convite de fazer uma tradução para o português do texto *NN12* veio como uma nova experiência, e tornou-se um desafio muito prazeroso.

Sempre fui um amante da palavra escrita e admirador dos dramaturgos, que, como ourives, trabalham o sentimento humano em dramas que servem para entender melhor uma época e propiciam inúmeras possibilidades de encenações.

O texto teatral, ao contrário do fazer teatral — uma arte tão efêmera e que se caracteriza pela própria efemeridade —, eterniza um momento de criação.

NN12 fala do tempo, da memória, do resgate de um fato passado elaborado por quem ainda sofre suas consequências. Dessa forma, por ser assim tão particular do seu tempo e da sua história, consegue falar universalmente, possibilitando inúmeras leituras e instigando uma experimentação cênica que o traduza para o público.

O escritor concretiza a peça teatral como palavra, o tradutor a aproxima de uma outra língua e costumes, o editor permite com a sua publicação que leitores tenham acesso a esse texto, o encenador lhe dá movimento e sentido, os atores transformam aquelas palavras e ações em emoção e o espectador recebe a obra para sua reflexão e deleite.

Aqui estamos numa fase intermediária: a palavra impressa. Desejo que minha contribuição, traduzindo para o português este texto, seja uma ferramenta para várias encenações. Dessa maneira, muitas pessoas poderão desfrutar esta obra na sua forma plena: o teatro.

Gilberto Gawronski
Tradutor

NN12

Gracia Morales

Tradução Gilberto Gawronski

Para NN.

Agradeço a José Antonio Lorente por sempre ter respondido às minhas correspondências e pelo tempo que me dedicou, por seu apoio, por seu exemplo.

Agradeço a Carlos, à minha família e às pessoas de Remiendo, pela constante presença.

E agradeço a todos aqueles leitores cúmplices que generosamente me emprestaram seu olhar para poder ver de fora esta história.

Uma bala e somente dois metros de terra — lhes disseram. E o campo deu, em vez de trigo, cruzes.

— RAFAEL ALBERTI (1944)

Nos tiraram até o nome; e se queremos conservá-lo, deveremos encontrar em nós mesmos a força de agir de tal maneira que, de trás do nome, algo nosso, algo do que fomos, permaneça.

— PRIMO LEVI (1958)

Você está vivo?/ Você está morto?/ Filho?

— JUAN GELMAN (1979)

PERSONAGENS

MÉDICA-LEGISTA (trinta e poucos anos)

NN (mulher, 31 anos)

ESTÊVÃO (27 anos)

HOMEM VELHO (62 anos)

CENA 1

Uma luz tênue nos permite ver o Homem Velho. Ele está sentado de frente para uma escrivaninha, de costas para o público. A iluminação está focada nele, nos permitindo vislumbrar um espaço muito restrito, somente sua figura diante da escrivaninha. Em algum momento, vemos seu perfil: aparenta sessenta anos, usa óculos. Folheia um jornal. Em certo momento, encontra um artigo que chama a sua atenção. Lê o artigo lentamente, para si. Depois, arranca com cuidado a folha do jornal. Fica com ela entre as mãos.

No momento em que esse personagem se detém diante da página do jornal que lhe desperta o interesse, começa simultaneamente outra cena, que ocupa uma área do palco bem mais ampla do que a do Homem Velho. Nesse segundo lugar, alguém que não vemos (exceto pelo foco de luz sobre o Homem Velho, o resto do palco permanece às escuras) projeta uma série de imagens sobre uma tela. São fotografias de uma fossa comum. Ao começar a projeção, ouvimos a voz de uma mulher, que está mostrando as imagens. Elas vão mudando, de acordo com as circunstâncias e os detalhes que o texto relata.

VOZ DE MULHER: Seguindo o testemunho de algumas pessoas da região, no dia 19 de fevereiro nos dirigimos à zona que denominamos

Setor Norte. Foram colocadas várias sondas para que fosse localizada a posição. De uma vala, ao retirar a terra com uma pá, saiu a sola de um sapato. Assim encontramos uma fossa retangular, com uns 11m de comprimento, 2m de largura e 1m e 20cm de profundidade. Foi nomeada Fossa 1 - Norte. Foram encontrados ali os restos de 12 corpos de NN. Como podem ver pelas fotografias, os esqueletos estão bastante completos e articuláveis. A distribuição aleatória dos indivíduos e suas posições permitem supor que foram atirados da beira. Não há restos de madeira ou de qualquer outro material que indique que algum deles tenha sido enterrado num caixão ou ataúde. Trata-se, então, de uma sepultura coletiva, clandestina e simultânea. Junto aos esqueletos foram encontrados alguns objetos associados, fragmentos de vestimentas, botões, zíperes, fivelas, sapatos, um relógio, uma corrente e algo da munição que lhes causou a morte. Esse material será entregue junto com os restos ósseos do NN que for identificado.

Neste momento, a equipe arqueológica se deslocou para o Leste e está trabalhando em uma segunda área, sem que possamos estabelecer, por enquanto, nenhum achado concreto.

Luz, por favor.

Esta zona do palco se ilumina. Estamos em um laboratório médico forense. Quem está falando é uma mulher de uns trinta e poucos anos, vestida com um jaleco branco: a Médica-legista.

A partir deste momento, a luz vai diminuindo sobre o espaço do Homem Velho até que não seja mais visível.

MÉDICA-LEGISTA: Perguntas?

Durante esta sequência, a Médica-legista fala em diversas direções, não muito distantes entre si, dando a sensação de que responde a perguntas que lhe são feitas, mas que nós ainda não podemos escutar.

MÉDICA-LEGISTA: Sim? [*depois de escutar uma pergunta*] Sim, alguns dos informantes estão buscando seus familiares. Um total de 15 famílias, mas nós encontramos apenas os restos de 12 cadáveres. Por isso, decidiu-se ampliar os trabalhos de escavação na área. Estão sendo feitas as fichas *ante-mortem* das pessoas desaparecidas, e elas lhes serão entregues em alguns dias.

[*depois de escutar uma nova pergunta*] Não. Sinto muito, isso não sabemos.

[*depois de outra*] Sim, sim, todos com arma de fogo. Os restos de munição que foram encontrados correspondem a armas pequenas, pistolas, de dois calibres: 9mm Largo e 7,65mm Browning.

Mais alguma pergunta?

[*escuta. Em seguida, responde*] Não, por enquanto não. Não é que estejamos trabalhando em segredo, a imprensa estava lá quando chegamos e sabe que esta investigação está sendo levada a cabo, mas preferimos manter a privacidade dos resultados. O importante é que possamos trabalhar tranquilos, sem pressões externas.

Algo mais?

Muito bem. Agora lhes será notificado qual indivíduo foi designado para cada um de vocês. Muito obrigada pela atenção.

CENA 2

Laboratório forense.

Em cima de uma grande mesa, o esqueleto de uma pessoa.

Em cena, uma mulher sozinha, jovem. É NN.

Anda por todo o local com curiosidade, observando tudo. Pega objetos e os observa cuidadosamente. Quando os coloca de volta no lugar, faz de maneira que voltem exatamente para onde estavam.

De repente, entra a Médica-legista. Não presta atenção na outra mulher. Dirige-se para a mesa de trabalho. Reproduz o que antes havia registrado num gravador, enquanto observa o esqueleto.

VOZ DA MÉDICA-LEGISTA: [*saindo do gravador*] Com a data de 9 de março, chega em meu poder a caixa do indivíduo 12. O esqueleto se conserva quase completo. O estudo das características ósseas me permite estabelecer uma série de conclusões que começo a resumir. A análise da pélvis e do crânio indica que se trata de uma mulher, de origem caucásico-mediterrânea. Para se obter a idade, levou-se em conta o término esternal da quarta costela, a superfície auricular do ílio, a sínfise púbica, a atrição dental, o grau de sinostose das suturas do crânio, as mudanças radiográficas e a variação histomorfométrica. De todos os dados obtidos, deduzo que, ao morrer, NN tinha entre 29 e 32 anos.

NN também se aproxima da mesa e observa o esqueleto.

VOZ DA MÉDICA-LEGISTA: [*saindo do gravador*] Depois de tirar a medida do fêmur e da tíbia, apliquei a equação de Krogman-Iscan e obtive como resultado uma estatura estimada de 1,62m com possibilidade de variação de 3cm. Compleição delgada. [*pausa*] Sobre a causa da morte, no crânio ficam evidentes as lesões produzidas por um impacto de bala, com uma trajetória posteroanterior e de cima para baixo, com orifício de entrada e saída.

NN tem um ligeiro estremecimento. Se distancia dos ossos.

VOZ DA MÉDICA-LEGISTA: [*saindo do gravador*] Pelos cartuchos encontrados na fossa e pelas características da lesão, se deduz que foi utilizada munição de calibre 9mm.

Breve silêncio. A gravação acabou. A Médica-legista pega uma caderneta com notas de um bolso do jaleco. Observa-a um pouco. Depois, liga o gravador e começa a falar.

MÉDICA-LEGISTA: 13 de março. O estudo da zona isquiopubiana evidencia restos de uma inflamação. Tudo nos leva a supor que se trata de uma infecção sofrida após um parto. Podemos deduzir, então, que NN12 foi morta entre dez e 15 dias depois de ter dado à luz e de ter sofrido uma infecção que não foi devidamente tratada. [*pausa*] Não se encontram sinais de tortura que possam ser registrados.

Desliga o gravador. Toca a própria cabeça, pela parte da frente. Depois, pega o crânio de cima da mesa e examina um buraco que ele tem na parte anterior. Solta o crânio. Volta para o gravador.

MÉDICA-LEGISTA: O crânio tem uma característica especial. A moleira anterior não está fechada.

Fica em silêncio, com o gravador funcionando, e volta a tocar a própria cabeça, no mesmo lugar de antes.

NN: [*observando pela primeira vez a Médica-legista com um pouco de curiosidade*] Você também?/ Esse buraco/ aí/ você/ também?

MÉDICA-LEGISTA: [*aproximando novamente a boca do gravador*] A equipe de odontologistas vai começar amanhã com a ficha dentária. Agora vou obter amostras para analisar o DNA.

A Médica-legista desliga o gravador. Pega um par de luvas de látex e as coloca.

CENA 3

Enquanto a Médica-legista fotografa os restos, NN fala com calma. Seu discurso é, às vezes, entrecortado. Se esforça, mas, vez por outra, não encontra a palavra que busca e tem que voltar atrás e tentar novamente. Não se trata de insegurança ou falta de firmeza; é como se sua fala estivesse quebrada e tivesse que ir se recompondo.

NN: A terra está/ A terra/ A terra está cheia de vozes. Lá embaixo, nos falamos, uns com os outros nos falamos. E nos dizemos, nos contamos. O nome. A idade. As cidades de cada um. Por que nos prenderam. Como era esse olhar/ esse/ o olhar de quem/ o olhar. Vozes. Vozes quebradas na terra. E escutá-las muito quietos, com atenção.

A um homem lhe faltavam estas [*mostra suas mãos*], as duas. E repetia sempre:

"Por que me cortaram elas? Por quê? Que motivo teriam os filhos da puta?" Sempre repetia.

Outro, um mais velho, que fala de sua mulher. Sua voz, seu riso, a forma pequena de seus/ seus. [*faz gestos com os dedos, mas não encontra a palavra. Continua*] Lembrar-se dela e lembrar-se dela e pensar num filho que viria. Quando o levaram, a mulher já estava de quatro/ de quatro meses. Teria sido um menino ou uma menina? Continuava perguntando, quarenta e tantos anos depois. Menino ou menina? Ainda se perguntava.

A terra vive. Cheia de/ de/ de histórias. E de prantos. Dos mortos recentes vêm os prantos mais fortes, que, no entanto, quase não se consegue escutar. Logo se acostumam àquilo/ à escuridão/ e ao cheiro úmido, tão úmido, e deixam de chorar e aprendem.

Por debaixo da terra, as palavras/ como soam as palavras/ se movem por quilômetros, milhares e milhares. Assim. E chegam. Chegam limpas. "Já não sinto dores", disse um, "Aqui/ aqui não tem mesas frias nem baldes de água, e não podem me fazer mal aqui". Depois, uma mulher jovem, quase uma menina: "Meu pai, meu pobre pai vai enlouquecer me procurando, eu sei, ele não vai parar nunca até me encontrar, com a cabeça dura que tem, meu pobre pai." Cada um com sua própria voz. Alguns sempre irritados: "Chega de queixas! Quem se importa com suas histórias, imbecil? Nem aqui embaixo se pode desfrutar o silêncio, caralho." [*ri levemente*]

[*o riso para*] Alguém cantava também/ alguém/ uma mulher/ sempre a mesma canção [*cantarola o começo da canção "Lili Marlene"*] Vor der Kaserne/ Vor dem großen Tor/ Stand eine Laterne/ Und steht sie noch davor/ So woll'n wir uns da wieder seh'n...

Palavras lá, lá embaixo. Às vezes com desespero. Com/ com/ medo. Com raiva também. E desde muito longe se ouvem. Como se todos os mortos sem nome nos juntássemos, nos ouvindo apertados, para nos sentirmos menos sós.

Agora estão nos retirando. Nos separando, estão nos separando e nos deixando assim estendidos, limpos, bem colocados. Mas vocês querem escutar tudo/ tudo isso o que/ temos para contar?

CENA 4

No laboratório forense.

A Médica-legista e um jovem — Estêvão — estão contemplando o esqueleto sobre a mesa. NN os observa.

Estêvão quer parecer tranquilo, mas não está. Se esforça para aparentar serenidade, e, de vez em quando, durante a cena, se percebe seu esforço.

ESTÊVÃO: Há quanto tempo estava lá?

MÉDICA-LEGISTA: Se levarmos em conta o que nos disseram as pessoas que nos indicaram a fossa, 27, 28 anos. Encontramos isso. [*lhe dá uma medalha*] É o único objeto que levava consigo.

ESTÊVÃO: [*observando a medalha*] P.L.A.

MÉDICA-LEGISTA: Guardava ela na mão. [*fechando o punho*] Assim. Na mão direita. Há vários dados que obtivemos pelo estudo forense. Você quer vê-los?

ESTÊVÃO: Sim.

MÉDICA-LEGISTA: Media por volta de 1, 62m. Mas era bem magra. Sua idade estava estimada entre os 29 e os 32 anos.

Estêvão segue olhando os restos. Solta a medalha sobre eles.

MÉDICA-LEGISTA: Apareceu junto com um grupo de corpos. Mais 11 corpos. Todos de homens. Também estamos tratando de identificá-los.

ESTÊVÃO: Imagino que eu não seja parente de nenhum deles, verdade?

MÉDICA-LEGISTA: Não, segundo as provas de DNA, não.

NN: [*começando a entender*] Não. Não pode ser.

ESTÊVÃO: [*depois de uma pausa*] Algo mais?

MÉDICA-LEGISTA: A ficha odontológica dela está sendo feita. A partir dela, poderemos obter muitos dados. Cada pessoa tem características dentárias únicas. Você sabia?

ESTÊVÃO: Não.

MÉDICA-LEGISTA: Ela tem um traço peculiar. No crânio. Aqui, veja. Este espaço. Se chama moleira anterior. Costuma se fechar aos dois anos de idade, mas em algumas poucas pessoas ela se mantém aberta. Não é perigoso, mas é peculiar. Talvez seja um dado que nos ajude.

ESTÊVÃO: Eu não tenho isso.

MÉDICA-LEGISTA: Não é hereditário.

NN se afasta deles, muito perturbada. Fala consigo mesma, em sussurros, fazendo gestos de negação, dizendo palavras e frases que não ouvimos.

ESTÊVÃO: [*olhando para o crânio*] Isto é de um disparo?

MÉDICA-LEGISTA: [*tentando não ser brusca*] Sim.

ESTÊVÃO: Como dispararam?

MÉDICA-LEGISTA: Uma única vez. De trás até a frente.

Estêvão se afasta do corpo.

MÉDICA-LEGISTA: Tem outra coisa. Pensamos que deu à luz um pouco antes de morrer. Encontramos restos de uma inflamação na zona isquiopubiana que parece indicar isso. Portanto, o senhor nasceu pouco antes de ela morrer. Entende?

Pausa. A aparência de serenidade que Estêvão havia demonstrado até agora paulatinamente se esvai. Move-se pelo espaço com certa inquietação.

ESTÊVÃO: E há muitas histórias como essa?

MÉDICA-LEGISTA: Faz pouco que se começou a investigar. Mas acreditamos que há milhares de corpos de NN lá embaixo.

ESTÊVÃO: NN?

MÉDICA-LEGISTA: Assim os chamamos. Os mortos não identificados.

NN permaneceu em silêncio, ainda afastada, sem olhá-los.

ESTÊVÃO: A verdade é que quando decidi dar meus dados e a amostra de sangue não pensei que... não pensei que fossem me chamar tão cedo... Conseguiram identificá-la?

MÉDICA-LEGISTA: Vamos tentar.

ESTÊVÃO: Mas vocês costumam conseguir?

MÉDICA-LEGISTA: Depende das informações que obtemos.

ESTÊVÃO: Quantas pessoas, das que são encontradas, saem daqui com um nome?

MÉDICA-LEGISTA: Eu lhe disse que ainda não trabalhamos muito tempo neste tipo de... Além do mais, cada caso é um caso.

ESTÊVÃO: Sei... cada caso é um caso, há milhares de casos, foi isso o que a senhora me disse antes, né? Ou seja, isto é como... como encontrar uma agulha num palheiro, uma pequeníssima agulha num enorme palheiro de merda...

MÉDICA-LEGISTA: Faremos tudo o que...

ESTÊVÃO: [*fazendo um gesto para que ela pare*] Preciso... preciso de um tempo.

MÉDICA-LEGISTA: Eu vou lhe trazer um pouco de água. [*sai*]

Estêvão, ao ver que a Médica-legista havia saído, deixa de aparentar firmeza e desaba. Se apoia na mesa, como se não aguentasse manter-se em pé.

Por um momento, NN sai de seu isolamento e o olha, de longe. Não se aproxima, somente o observa.

Pouco a pouco, Estêvão se ergue e se recompõe. Assim a Médica-legista o encontra quando entra com o copo d'água. NN volta a fechar-se em si mesma.

MÉDICA-LEGISTA: O senhor está melhor?

Estêvão assente com a cabeça. Ela lhe estende o copo.

ESTÊVÃO: Obrigado.

MÉDICA-LEGISTA: Veja bem, é verdade que até agora tínhamos poucas esperanças. Nenhuma das famílias que nos informaram onde estava a fossa tinha relação de parentesco com ela. Ninguém buscava uma mulher. E não encontramos nada de conclusivo nos arquivos dos desaparecidos daquela área... Mas quando encontramos o senhor, abriram-se novas possibilidades.

ESTÊVÃO: Eu? Mas vocês sabem... Eu... Eu não sei de nada.

MÉDICA-LEGISTA: Seus sobrenomes, por exemplo, não sabemos se eram os de seus pais ou se modificaram os dados dela quando ela entrou.

ESTÊVÃO: Não. Meus sobrenomes não lhe servem. No lugar onde estive, davam esses sobrenomes a muitas pessoas. Eram os do fundador daquele centro. Quando não tinham certeza de onde vinha alguém, colocavam na pessoa esses sobrenomes.

MÉDICA-LEGISTA: Mas lá, no lar para crianças, devia haver um registro de entrada.

ESTÊVÃO: Eu também achava. E tentei que me deixassem ver isso. Mas me disseram que tudo havia se perdido.

MÉDICA-LEGISTA: Às vezes, com uma ordem judicial, os papéis perdidos aparecem.

ESTÊVÃO: Aparecem? Mas por que mentiriam para mim?

MÉDICA-LEGISTA: Durante muito tempo, e ainda hoje, houve muita gente interessada em que não se saiba tudo o que ocorreu.

ESTÊVÃO: E o que eu tenho a ver com...?

MÉDICA-LEGISTA: O senhor quer saber a verdade?

ESTÊVÃO: Para isso vim aqui.

MÉDICA-LEGISTA: A verdade não se encontra rapidamente.

ESTÊVÃO: Faz muito tempo que espero por ela.

MÉDICA-LEGISTA: E, às vezes, não é o que esperamos ouvir. Nós podemos pressionar para que nos deixem rever os arquivos. Mas precisamos do seu consentimento, entende?

ESTÊVÃO: Sim.

MÉDICA-LEGISTA: Vai colaborar conosco?

ESTÊVÃO: Sim.

CENA 5

No laboratório forense.

Estêvão e NN em cena. NN segue distanciada, onde estava na cena anterior. Estêvão está olhando para o esqueleto sobre a mesa.

NN: Nesses ossos eu já não. Não. Mesmo que os olhe e os olhe.

ESTÊVÃO: Me chamo Estêvão.

NN: Não.

ESTÊVÃO: Tenho 27 anos... Bom, isso você já sabe, claro... Trabalho numa carpintaria. Não estou casado, sequer tenho namorada. Sou... uma pessoa bem solitária.

NN: É demais/ demais/ Tarde agora. Demais!

ESTÊVÃO: Eu... não me lembro de você. Nem do meu pai. Seria mais fácil se pudesse me lembrar de algo: um cheiro, uma imagem, a sua voz... agora poderia falar contigo... não sei... de outra maneira. Mas não me lembro de nada. No orfanato me disseram que vocês tinham me abandonado. Havia muitos casos como o meu, e sempre nos diziam isso. Foram embora, abandonaram vocês. Que filhos da puta! Passei toda a infância envergonhado, com raiva, me perguntando por que meus pais não tinham querido ficar comigo.

NN: [*se aproxima dele*] Mentiram para ela também, entende? Ela/ ela acreditava/ Porque lhe disseram/ Ela acreditava que você/

ESTÊVÃO: Você sabia que eu mijei na cama até os 11 anos? Me castigavam por isso. Até hoje às vezes sonho que me mijo enquanto durmo, e me desperto apavorado, suando, esperando o golpe da madeira nas palmas das mãos.

NN: Ela não sabia!

ESTÊVÃO: [*com um meio sorriso*] Devo parecer um louco... contando essas coisas a... a um esqueleto. Mas... tenho tantas palavras aqui dentro... As plantas, eu gosto de plantas. Tenho muitas em casa e cuido delas muito bem. Dedico muito tempo a elas. E leio. Romances de viagens, principalmente. [*breve pausa*] Queria ter te encontrado viva, mesmo que fosse depois de tanto tempo. Para poder falar contigo de verdade. Mas isto? O que faço agora com isto? Hein? O que faço agora? Porque eu não havia perdido a esperança de te encontrar viva, caralho. Que idiota! Não? Que idiota! [*pausa*] E ele? Onde está? Também jogaram o cadáver dele por aí? Ou continua vivo? Você sabe? Você sabe onde está o meu pai?

NN: Não devia ter/ Assim não/ Não devia ter/ sido assim.

CENA 6

Iluminam-se simultaneamente a área do laboratório forense e o espaço do Homem Velho.

Sobre este segundo ambiente, a iluminação é agora mais tênue e abrange um lugar mais amplo do palco. Além da escrivaninha e da cadeira, vemos inteiramente o tapete sobre o qual os móveis se encontram. O Homem Velho está montando um castelo de brinquedo. Segue as instruções que estão na mesa. Algumas vezes fica em dúvida, se equivoca, se corrige... O vemos contente, encantado com a maneira como está ficando a construção.

Isso ocorre simultaneamente à ação do laboratório, onde se encontram a Médica-legista e NN.

A Médica-legista segura novamente o gravador em suas mãos. Aparenta cansaço, como se não tivesse dormido bem. Toca algo que tinha gravado.

VOZ DA MÉDICA-LEGISTA: [*saindo do gravador*] Vinte de maio. Esta manhã, por fim, conseguimos o registro de entrada de Estêvão no lar para crianças. Junta-se uma fotocópia ao documento. [*pausa*] Segundo o que é indicado, o bebê chegou com apenas duas semanas de idade. Na lacuna do nome da mãe aparecem dois sobrenomes: Luján Alvares.

NN: [*devagar*] Patrícia. Patrícia Luján Alvares.

VOZ DA MÉDICA-LEGISTA: [*saindo do gravador*] Se encontra também a sua idade, "29 anos", e a referência, "Falecida".

Pausa.

VOZ DA MÉDICA-LEGISTA: [*saindo do gravador*] Há uma nota de rodapé que diz: "Dadas as circunstâncias, o menino passa a ser tutelado pela Casa Cuna. Inscrito com outros sobrenomes para sua melhor integração na sociedade."

NN: Para sua melhor!/ Sua melhor!

VOZ DA MÉDICA-LEGISTA: [*saindo do gravador*] A lacuna correspondente ao pai está preenchida com a palavra "Desconhecido". Com os dados que possuímos, e esses sobrenomes "Luján Alvares", realizamos uma busca no arquivo nacional de desaparecidos.

Acaba a gravação. A Médica-legista começa a gravar um novo texto. Primeiro, ordena algumas pastas que se encontram sobre a mesa.

MÉDICA-LEGISTA: [*gravando*] Vinte e cinco de maio. Na tarde de ontem, localizamos as informações policiais sobre o caso da NN12. Seu nome completo é Patrícia Luján Alvares. Seus pais fizeram uma denúncia no dia seguinte à sua prisão. Anexa-se uma fotocópia ao dossiê. Detalharam muito bem a sua descrição física. Um metro e sessenta e três. Loura. Olhos castanhos. Magra. Vinte e nove anos. Indicaram inclusive que ela não tinha a moleira anterior fechada. Segundo consta na denúncia, levaram-na de casa à noite. Disseram aos seus pais que somente iriam interrogá-la. [*cala-se. É difícil para ela continuar o trabalho*]

NN: [*empenhando-se em recordar*] Despertar. "Patrícia, uns homens perguntam por ti." Uns/ uns homens. Muito nervosa. Ela nunca me chamava de Patrícia, mas de

	Pati. Uns homens/ quatro. E se vestir. E no carro se dar conta de que, com a pressa e com o medo, o suéter tinha ficado do avesso.
MÉDICA-LEGISTA:	[*faz um esforço e continua. Gravando*] Descrevem a roupa que usava quando a levaram: calça jeans, um suéter verde, tênis. Confirmam que tinha uma corrente com suas iniciais, P.L.A. E um relógio de pulso.
NN:	Esse não mais.
MÉDICA-LEGISTA:	[*gravando*] Seus pais já faleceram. Não tinha irmãos. Não consta nenhum filho. Estado civil: solteira. Levando em conta a data da denúncia e a idade de Estêvão... [*não consegue mais. Desliga o gravador*]

A Médica-legista vai para o computador e começa a projetar umas fotos. Na primeira está NN, só.

NN:	Patrícia. Aí então. Patrícia. Vinte e nove/ anos/ magra/ castanhos/ um/ e/ sessenta/ e/ três.

A Médica-legista contempla a foto por um momento. Paulatinamente, enquanto passa as fotos e vê NN nelas, na Médica-legista (em sua postura física, no seu olhar) vai se evidenciando um sentimento de dor e de ternura.

O Homem Velho, do seu lado da cena, larga o que está fazendo. Parece intuir as imagens que estão sendo projetadas. Observa-as da sua área, sem se mover.

A Médica-legista altera a imagem. Na seguinte, NN aparece com uma mulher de uns cinquenta anos.

NN: Aí estão. Uma mãe e uma filha/ duas mulheres normais. Faz tanto tempo que não a vejo. Ela já estava se apagando. [*muda a fotografia. Vê-se uma reunião familiar. NN ri. A Médica-legista também reage com um sorriso*] Esta foto, sim. Uma refeição. Esse. O que está com a melancia. Era um bom pai. Era/ era/ simples e alegre. Nesse dia também terminou bebendo demais e fazendo besteiras, cantando, dançando. E aquele de trás, com calça escura, um irmão do pai. Sempre que vinha, trazia um livro novo. [*na foto seguinte, está numa sala de aula. Há um grupo de crianças com ela*] Professora. Rodeada de alunos. Cinco anos nesse colégio. Até que a fizeram desaparecer.

MÉDICA-LEGISTA: Na verdade, não te imaginava loura.

CENA 7

Laboratório forense. A última foto que vimos continua projetada.

NN: Desaparecida. Não. Você não/ Você não desapareceu. Sequestrada. Reclusa. Isso sim. Assassinada. Jogada também/ lá/ jogada/ sem um sinal nem um nome.

Você não escolheu desaparecer. Ninguém/ ninguém escolheu. Cada um tinha seu pequeno pedaço de vida, construído pouco a pouco. Cada um/ assim/ cada/ um. Não desaparecemos porque continuamos a existir lá onde/ continuamos a existir lá longe/ uma hora e outra e outra antes de morrer. Sós/ tão sós/ perdidos/ tão distantes desses pedaços de vida que eram nossos. Nossos/ construídos pouco a pouco.

Lá tinha que se repetir muitas vezes o nome completo, Patrícia Luján Alvares, Enrique Ibar Nogueira, Johan Valdivia Riaza, Ana Murat Roca, cada um repetia em voz baixa, minha mãe se chama Terezinha, meu pai, Adolfo ou Heitor ou Josué, meus irmãos, minha mulher, Luísa, Tomás, Irene, Malik, Carmen, Aarão, Graciela, Pedro.

Porque lá nos trocavam até os nomes/ e você/ você/ tinha que dizer uma e outra vez o seu nome real para não esquecê-lo, Patrícia Luján Alvares, Patrícia, e não Marlene, Patrícia, para continuar existindo e não desaparecer/ não desaparecer totalmente no final/ não desaparecer totalmente de si mesma.

CENA 8

No laboratório. Estêvão, a Médica-legista e NN.

Estêvão está vendo a documentação: as fotos, os papéis da denúncia... NN está próxima dele, observando suas reações.

ESTÊVÃO: Patrícia. Tenho que me acostumar com esse nome... Professora? Por que fuzilaram uma professora?

MÉDICA-LEGISTA: Não foi a única. [*mostrando uma foto*] Estes são os seus avós.

ESTÊVÃO: Quais?

MÉDICA-LEGISTA: [*indicando*] Aqui está ele e aqui está ela...

Os três ficam olhando para a foto.

MÉDICA-LEGISTA: Ele morreu primeiro, faz nove anos. Ela, dois anos depois.

NN: Você se parece muito com ele, não é?

MÉDICA-LEGISTA: Estamos buscando outros familiares. Tios, primos. Temos que informá-los que a encontramos.

NN: [*que segue olhando para a foto e para Estêvão*] Os mesmos/ [*não encontra a palavra, toca os olhos*] e... a forma das [*toca as sobrancelhas*]

ESTÊVÃO: Então... vocês estão totalmente certos.

MÉDICA-LEGISTA: Sim.

ESTÊVÃO: [*depois de uma pausa*] E... meu pai? [*NN se afasta lentamente*]

MÉDICA-LEGISTA: Isto não sabemos.

ESTÊVÃO: Estava solteira.

MÉDICA-LEGISTA: Sim.

ESTÊVÃO: Nem se diz aqui nada de que ela... estava grávida quando... Terá escondido isso?

MÉDICA-LEGISTA: Não. É que não estava grávida. Estêvão, o senhor tem 27 anos. Olhe a data da denúncia. Passaram-se quase dois anos entre a prisão dela e o seu nascimento.

ESTÊVÃO: Mas onde ela esteve durante esse tempo?

MÉDICA-LEGISTA: Não sabemos.

ESTÊVÃO: Então meu pai esteve com ela lá, onde quer que seja... Foi seu marido ou algo do tipo, não?

MÉDICA-LEGISTA: Estêvão, o senhor tem que ter paciência. Por enquanto não podemos saber todas as respostas. Ficou grávida um ano e alguns meses após ter sido presa. Disso, sim, temos certeza.

Pausa.

Estêvão se aproxima da mesa e pega a medalha.

NN: Patrícia. Marlene não. Patrícia. Patrícia, aqui, Patrícia.

CENA 9

No laboratório. Estêvão e NN.

Uma foto projetada, na qual se vê NN sozinha, sorridente, com os cabelos soltos. A primeira que vimos na cena 6.

Estêvão se aproxima da imagem e desliza com muita atenção os dedos sobre ela.

NN, do seu lugar, reage a esse contato, como se ele a tocasse realmente. A princípio, seu gesto é de negação ou de medo, mas logo, pouco a pouco, vai se entregando. Então, fecha os olhos e inclina o rosto para a frente quando Estêvão percorre seu rosto na fotografia, dobra a cabeça quando ele lhe acaricia o cabelo, sente cócegas quando ele lhe roça o ventre ou os ombros... Estêvão deixa uma das mãos quieta sobre o peito dela, no lugar do coração; NN coloca lá também a sua mão, como se estivesse apertando a de Estêvão.

CENA 10

A cena começa com uma voz em off, de mulher, que vai dizendo o texto que se indica. A ouvimos antes que comece a cena.

Neste momento se ilumina a área do Homem Velho. Como ocorreu antes, a luz volta a ser mais clara e abrange mais espaço. Vemos ele numa poltrona que está próxima à escrivaninha. Dormiu lendo um livro que se encontra caído em suas pernas.

Depois, se iluminam NN e a Médica-legista, no laboratório. A Médica-legista não veste o jaleco branco. Está vestida com sua roupa normal. Sua "conversa" se sobrepõe à voz em off (tal e qual se indica no texto.) A Médica-legista fala com os restos mortais de NN, sem esperar respostas.

VOZ EM OFF: Queridos senhores Luján Alvares:

Me chamo Irene Cabriel. Os senhores não me conhecem. Mas eu conheci sua filha, Patrícia. Faz quase três anos que saí da prisão onde estive com ela. Talvez devesse ter escrito antes, mas não tive forças. [*se ilumina a área do Homem Velho*] Agora o faço porque não paro de lembrar tudo o que vivi naquele lugar, e pensei que vocês e outras famílias têm o direito de saber de sua filha e do que se passou quando ela esteve presa. [*se ilumina o laboratório, onde estão a Médica-legista e NN*]

VOZ EM OFF: Sei que o que vão ler nesta carta lhes vai fazer sofrer, mas isto que lhes estou contando é a verdade, e eu preferiria saber a verdade se fosse minha filha que tivesse desaparecido.

Patrícia passou quase dois anos no mesmo centro de detenção em que eu estive. Chamavam esse lugar de "O Colégio" porque, antes, para isto havia servido o prédio. Nesse tempo que passou lá,

MÉDICA-LEGISTA: Seus familiares trouxeram alguns documentos. Me disseram que são coisas importantes, papéis que seus pais deixaram antes de morrer. Aqui tem umas cartas.

A Médica-legista começa a ler as cartas. NN se aproxima dela para poder vê-las também.

ficou grávida e deu à luz uma criança. Um menino. Disseram a ela que tinha nascido morto. No início, ela não acreditou, e passou uns dias em que parecia que iria ficar louca; depois, terminou aceitando que sim, que a criança estava morta.

Mas eu sei que isso não era verdade. Eu sei porque vi quando o levaram. Não sei para onde. Nunca me atrevi a dizer à sua filha a verdade, não queria lhe causar mais sofrimento. Mas os senhores têm um neto, em algum orfanato ou adotado por alguma família. Vi levarem crianças muitas vezes, porque eu sou enfermeira e costumavam me pedir que ajudasse no parto.

Os senhores não sabem quantas cartas como esta estou escrevendo agora que vivo em um país estrangeiro e estou aprendendo a lutar contra o medo. Sinto muito ter que fazê-los reviver a dor que os senhores estão passando, mas, se quiserem procurar por seu neto, só o poderão fazê-lo se souberem que ele existe.
Atenciosamente,
Irene Cabriel.

NN: Irene.

Continuam lendo em silêncio, enquanto se escuta a voz em off.

NN: Então eles sabiam. Eles dois/ e não/ por que não?

MÉDICA-LEGISTA: Há outra.

[*pausa*] Meus muito queridos senhores Luján Alvares:

Me alegrou muito receber a resposta de vocês. Admiro sinceramente a firmeza de ânimo que demonstram nela, mesmo que estejam sofrendo muito.

Vou tentar responder às suas perguntas. Não sei por que não devolviam as crianças às famílias. Uma vez os ouvi dizer que elas deviam ser reeducadas, que tinham que dar-lhes a oportunidade de crescer com um "ambiente são" ao seu redor. Não sei se as utilizavam como espólio. É muito difícil entender, mesmo que tenha passado tanto tempo.

Quanto à sua outra pergunta, na minha carta anterior preferi não falar do pai da criança, porque pensei que não lhes ia ajudar em nada saber esta informação. Mas como os senhores disseram, sou a única pessoa que pode lhes informar, assim que eu me atreverei também a ser valente.

Algo posterior. [*começa a ler no momento em que se ouve a voz em* off] Meus muito queridos Senhores Luján Alvares:
Me alegrou muito receber a resposta de vocês. Admiro sinceramente a firmeza de ânimo que demonstram...

NN: A firmeza de ânimo...

MÉDICA-LEGISTA: Não sei por que não devolviam as crianças às famílias. Caralho! [*para de ler por um momento*]

A Médica-legista retoma a leitura em silêncio. Continua-se a escutar a voz em off.

NN: Não/ não/ isto não/ outra vez não/

Se afasta. Vai até um dos extremos, o que está mais perto da área do Homem Velho. Olha-o, como se o visse. Começa a cantar baixinho; sua voz tem temor e angústia. Às vezes erra e retoma a canção de uma estrofe anterior. Como se repetisse uma lição.

O pai da criança é um dos militares que havia no centro. Um tenente. Se chama Ernesto Navia San Juan. Ele cismou com a sua filha. Foi ele quem a engravidou.

Não sei se vão utilizar esta informação contra ele. Eu sinto muitíssimo, mas não posso ajudá-los. Eu já fiz tudo o que me sinto capaz de fazer: escrever estas cartas. Não imaginam o mal que me faz recordar tudo isso. Sinto saudades do meu país, mas não penso em voltar, pelo menos por enquanto. Ainda tenho medo. Muito medo. Não sei se algum dia essa sensação me abandonará.

Me desculpem por tudo isso, pelo que estou lhes fazendo passar e pelo que não me atrevo a fazer. Nada disso deveria ter acontecido com Patrícia, nem comigo, nem com os senhores.
Me despeço com carinho.
Irene.

NN: Vor der Kaserne/ Vor dem großen Tor/ Stand eine Laterne/ Und steht sie noch davor/ So woll'n wir uns da wieder seh'n/ Bei der Laterne wollen wir steh'n/ Wie einst Lili Marleen/ Wie einst Lili Marleen.

O Homem Velho se desperta e reage pouco a pouco à canção, como se a escutasse. Procura de onde vem a voz.

Unsere beide Schatten/ Sah'n wie einer aus/ Daß wir so lieb uns hatten/ Das sah man gleich daraus/ Und alle Leute soll'n es seh'n/ Wenn wir bei der Laterne steh'n/ Wie einst Lili Marleen/ Wie einst Lili Marleen.

O Homem Velho olha para onde está NN e fica de pé. Se aproxima até o limite de sua área iluminada. Ficam se olhando, cada um de seu lado, enquanto NN segue cantando, com raiva, com medo, com dor.

NN: Schon rief der Posten/ Sie blasen Zapfenstreich/ Das kann drei Tage kosten/

Kam'rad, ich komm sogleich/ Da sagten wir auf Wiedersehen/ Wie gerne wollt ich mit dir geh'n/ Mit dir Lili Marleen./ Mit dir Lili Marleen./ Deine Schritte kennt sie,/ Deinen zieren Gang/ Alle Abend brennt sie,/ Doch mich vergaß sie lang/ Und sollte mir ein Leids gescheh'n/ Wer wird bei der Laterne stehen/ Mit dir Lili Marleen?/ Mit dir Lili Marleen?/ Aus dem stillen Raume,/Aus der Erde Grund/ Hebt mich wie im Traume/ Dein verliebter Mund/ Wenn sich die späten Nebel drehn/ Werd' ich bei der Laterne steh'n/ Wie einst Lili Marleen./ Wie einst Lili Marleen.

NN termina de cantar.

Faz-se um momento de quietude e de silêncio: NN e o Homem Velho frente a frente. A Médica-legista fica com as cartas na mão. Finalmente se move, para deixá-las na mesa.

NN: [*lentamente deixa de olhar o Homem Velho e se dá conta de onde está. À Médica-legista*] Não vai contar para ele, certo?/ Para Estêvão/ Não, certo? Não/ Não faça isso, por favor. Ele/ ele é como uma criança/ ele espera/ busca outra coisa/ isso não. Não lhe diga/ Por favor!

A Médica-legista gira lentamente, até ficar olhando para o Homem Velho.

CENA 11

Laboratório forense. Médica-legista, Estêvão e NN.

Estêvão acaba de ler as cartas. A Médica-legista segue com roupa normal, sem o jaleco branco. A princípio, NN permanece distante, escutando sem querer participar da cena.

ESTÊVÃO: Isso é verdade?

MÉDICA-LEGISTA: É o que afirma essa mulher.

ESTÊVÃO: Então meus avós sabiam?

MÉDICA-LEGISTA: Não os julgue mal. Certamente não puderam fazer nada. Ou tiveram medo. Há muito pouco tempo, ninguém falava disso. Ninguém se atrevia.

ESTÊVÃO: [*depois de uma pausa*] Se este homem está vivo, podemos fazer um teste de DNA?

MÉDICA-LEGISTA: Ele teria que dar seu consentimento.

Estêvão permanece olhando as cartas. Silêncio.

MÉDICA-LEGISTA: Você quer conhecê-lo?

NN: [*se aproxima deles, como se pudesse intervir*] Não.

ESTÊVÃO: Como disse?

NN: Não, não, não, por favor.

MÉDICA-LEGISTA: [*abrindo um papel*] Este é o endereço dele.

NN: Não a escute! Vá/ vá daqui!

ESTÊVÃO: A senhora foi vê-lo? A senhora o viu? [*a Médica-legista não responde*] O que disse pra ele?

MÉDICA-LEGISTA: Não falei com ele.

ESTÊVÃO: Eu... Não sei se quero...

MÉDICA-LEGISTA: Ernesto Navia San Juan.

NN: Por favor! Ele, não. Ele, agora, não.

MÉDICA-LEGISTA: Está casado. Tem três filhos. E quatro netos.

ESTÊVÃO: Isso não me importa.

MÉDICA-LEGISTA: Faz pouco completou 62 anos. Tem uma vida normal. Perfeitamente normal.

ESTÊVÃO: O que essas cartas dizem pode ser mentira!

MÉDICA-LEGISTA: A filha mais nova dele tem a mesma idade que você. É professora. Não parece ironia?

ESTÊVÃO: Por que a senhora está me contando isso?

NN: Não vê que não/ que não quer?

MÉDICA-LEGISTA: Você acredita que ela sabia o que seu pai fazia? Acredita que ela suspeita que tem um meio-irmão por aí? E certamente você não é o único. Ele provavelmente fez isso com outras mulheres.

ESTÊVÃO: Pode não ser verdade!

MÉDICA-LEGISTA: Foi promovido. A capitão. Agora está reformado, e se dedica a brincar com seus netos e a cuidar de seu jardim. Tem um jardim lindo cheio de rosas.

ESTÊVÃO: Cala a boca!

NN: Você está lhe fazendo mal!

MÉDICA-LEGISTA: Você se parece um pouco com ele. Mas não muito.

ESTÊVÃO: O que você quer de mim? [*agarrando-a pelos ombros*] O que você quer de mim?

MÉDICA-LEGISTA: Ele envelheceu bem. Só tem dificuldade para ver de perto.

ESTÊVÃO: Cala a boca! Cala a boca de uma vez por todas!

Estêvão parece estar a ponto de bater na Médica-legista.

Em vez disso, solta-a, e, como um bêbado, se aproxima da mesa onde estão os restos de NN. Com vários golpes, joga--os no chão. NN cai no chão, com dor, como se a tivessem golpeado.

Estêvão se dá conta do que fez ao ver os ossos atirados, o esqueleto desfeito. Fica com vontade de vomitar. Afasta-se, sem poder conter as golfadas. A Médica-legista se aproxima dele. Segura-lhe a cabeça enquanto Estêvão vomita.

MÉDICA-LEGISTA: A terra está cheia de vozes. Vozes sem nome, que continuam falando muitos anos depois de morrer. Agora, pouco a pouco, estamos levando-as à luz... mas teremos que ser muito fortes se quisermos escutar o que elas têm para nos contar.

CENA 12

NN fala enquanto a Médica-legista recompõe seu esqueleto.

NN: Marlene. Desde o princípio. Como sua atriz favorita. Marlene Dietrich. Pela cor do/ do/ [*não encontra a palavra. Toca seu cabelo*] Desde o princípio disse "A partir de agora, será Marlene". Nos davam outro nome ali e nos obrigavam a usá-lo. Patrícia passou a se chamar Marlene.

Ele a escolheu com esse nome. Aquele que batiza um preso o transforma em algo seu. Tem direito a/ direito a fazer com ele/ Mas por que ela? Tinham garotas mais jovens e mais bonitas.

Como te escolheu, como escolheu que fosse Marlene, podia/ te castigar. Por coisas. Porque você olhava para ele de certo jeito. Ou porque não respondia quando te perguntava algo. Gostava de te prender. Por vários dias. Deixar no escuro e fazer perder a noção do tempo. Isso de ficar no escuro, isso/ isso não se pode/ não/

Mas também, algumas vezes/ algumas/ de repente chega bem contente. Com presentes: um pedaço de sabão, um laço para [*volta a tocar o cabelo*], um perfume, alguma comida. E te devolve a medalha, quando se deu conta de que tinha tirado ela de você. Algumas noites somente fala, conta de sua mulher, dos filhos/ dois/ dois filhos e um a caminho/

conta lembranças de antes/ de quando era criança. Ou diz: "Marlene, canta para mim." Como se fala com uma amante.

Se havia épocas em que a tratava muito bem era/ era/... porque quando se comportava assim, ela se acalmava, se colocava mais vulnerável. Às vezes, te acariciava lentamente, com/ com carinho. E então/ então. É terrível quando, pela pessoa que está te torturando/ é terrível quando se sente algo como a compaixão ou a ternura ou a gratidão por/ por quem te está/...

Um tempo depois/ no inverno/ já havia passado mais de um ano/ deixaram de vir as regras. Marlene a princípio não queria. Não. E tentou/ tentou tirá-lo dali/ se golpeava/ meteu óleo quente pra dentro. Mas o bebê não queria morrer/ e seguia/ seguia crescendo. Depois, pouco a pouco você começou a notar ele dentro/ vivo aqui dentro [*toca o ventre*]/ o único vivo/ o único novo que havia lá/ e você disse talvez, talvez, ainda seja aqui, talvez/ e você deixou de se golpear e voltou a comer e a se lavar com cuidado e a descansar. E assim, cuidando de si mesma, começou a cuidar do bebê.

Ele parou de vir. Quando se deu conta. Se cruzava com Marlene no centro, nem sequer a olhava. Mas muitas noites, ela pensava escutar/ porque estava certa de que ele voltaria, de que não deixaria as coisas assim./ E você tinha tanto medo, tanto medo que às vezes/ às vezes queria ver ele entrar de uma vez por todas, para acabar com aquela angústia.

Uma tarde você começa/ ela/ Patrícia começa a sentir dores/ e você nota/ ela/ ela nota/ [*olha para o chão, debaixo dos seus pés*] Estou me mijando. Por favor! [*segura o ventre*] Estou me mijando! E as colegas acodem, e você gritando: Ainda não! É muito cedo, ainda não!/ e então, te levaram a outro quarto muito limpo. E tudo acontece muito rápido, e você sente/ ela/ ela empurra e sente que o bebê/

o seu bebê/

sai/

já está fora/

e então ela/

Marlene/

Pa/

Patrícia/

Eu/

Eu me sinto/ sinto vazia por dentro e/ e nesse momento o escuto/ o escuto chorar. Um soluço suave, como o de um animal pequeno. O escuto.

Mas se foram muito rápido com ele. E depois, quando voltaram a entrar, me disseram que tinha nascido morto. Eu não acreditei neles, porque tinha escutado ele chorar, e me aproximei deles gritando, suplicando, mas me repetiram uma vez e outra/ sempre/ uma e outra vez/ Nasceu morto!/ Sai daqui, mulher, já enterramos esse filho que você busca!/ Era muito pequeno, muito frágil/ Nem para mães vocês servem!

Tiveram que me trancar. Ali, no escuro, Patrícia/ eu/ fui ficando calada, quieta. E por dentro comecei a me dizer que sim, que estava morto/ não tem mais/ não tem mais filho em lugar nenhum/ se esqueça dele/ Não se pode/ não/ fazer nada.

Um tempo depois, nos levaram embora. Um grupo entre nós. Na parte de trás de uma caminhonete, com os olhos vendados. Nunca nos deixavam falar entre nós, mas lá/ lá, sim. Nos apresentamos uns aos outros, dissemos de onde éramos. Alguns rezavam ou choravam. Outros, calados. Nos fuzilaram num bosque. As pisadas pareciam em folhas secas. A sensação do sol na pele que se sentia às vezes. O cheiro da terra molhada.

Lá embaixo, na terra, recordava/ recordava sempre o tenente Ernesto Navia San Juan. E então cantava. Cantava aquela canção da Dietrich que ele me fez decorar.

Cantarola a música de Lili Marlene.

CENA 13

Espaço do Homem Velho e espaço do laboratório, que continuam separados.

O laboratório está em penumbra; vemos a silhueta de NN, olhando para a área do Homem Velho.

Esta volta a ser sensivelmente mais espaçosa; além dos móveis que tínhamos visto, agora também aparece uma cômoda com fotos de família. Sobre a escrivaninha, uma bandeja com uma jarra de limonada e alguns copos. Também há um gravador, que está gravando a conversa.

Lá estão o Homem Velho e Estêvão. O primeiro está observando as fotos de NN que Estêvão trouxe. Depois de alguns segundos, o Homem Velho tira os óculos e olha para Estêvão.

HOMEM VELHO: Não me lembro dela, não. Sinto muito. Por lá passou muita gente.

ESTÊVÃO: Ela esteve muito tempo presa. Quase dois anos.

HOMEM VELHO: Como o senhor sabe disso?

ESTÊVÃO: Tem gente que não tem a memória tão ruim assim quanto a do senhor.

HOMEM VELHO: Não devia acreditar em tudo o que lhe contam.

ESTÊVÃO: O senhor está se referindo a quê?

HOMEM VELHO: Quer um pouco de limonada?

ESTÊVÃO: Não, obrigado.

HOMEM VELHO: [*se serve*] Poderia oferecer-lhe outra coisa, mas nessa casa só tomamos limona-

ESTÊVÃO:

HOMEM VELHO:

ESTÊVÃO:

HOMEM VELHO:

ESTÊVÃO:

HOMEM VELHO:

da. Tenho um limoeiro. O senhor o viu na entrada?

Não me dei conta.

[*depois de tomar um gole*] Olha. Vou ser sincero. Para que, se o senhor quiser, use isso em sua reportagem. Sei o que está acontecendo. Leio os jornais. Agora todo mundo se empenha em julgar o que aconteceu. E muitas mentiras estão sendo contadas.

Os senhores fuzilaram ela, disso não há dúvidas.

Bom, eu não estou tão certo disso, pode ter sido alguém da sua própria gente que a matou. Sim. Não me olhe assim. Essas coisas também ocorriam.

Ela era professora. Não tinha nada a ver com...

Pois colaborava com eles de alguma maneira. Alguns civis fizeram isso. Não andavam armados nem plantavam bombas, está certo, mas apoiavam de fora a violência. Escondendo fugitivos. Agindo como intermediários... Olhe, eu entendo que haja pessoas com desejos de vingança. Eu entendo. A dor de perder alguém... Como não vou entender? Eu também sofri as consequências, também perdi pessoas queridas. Amigos, colegas... Mas que agora se comece a inventar coisas e que os senhores da imprensa deem tanta cobertura, isso me parece errado. Já passou tanto tempo. Por que não tentamos superar isso?

ESTÊVÃO: O senhor quer dizer esquecer.

HOMEM VELHO: Quero dizer aceitar que não foi fácil para ninguém. E que se fez o que tinha que ter sido feito. Nós tínhamos uma responsabilidade. Como soldados. Mesmo que o senhor agora não entenda. Entre outras coisas, porque é muito jovem.

ESTÊVÃO: Tenho 27 anos.

HOMEM VELHO: O senhor agora vive num país em paz, um país seguro, onde o povo não tem medo. E essa paz e segurança chegaram graças ao que nós fizemos.

ESTÊVÃO: Espera meu agradecimento?

HOMEM VELHO: Não. Agradecimento, não. Eu só cumpria com o meu dever.

ESTÊVÃO: Claro. [*pegando as cartas*] Também trouxe isto. Leia-as com calma. Eu não tenho pressa.

Estêvão anda pelo cômodo. Observa as fotos que estão no quarto.

O Homem Velho coloca os óculos e começa a ler, e, enquanto lê, às vezes levanta os olhos para ver o que Estêvão está fazendo.

Lê as duas cartas, pausadamente, sem que se perceba nenhuma alteração nele. Quando termina, volta a tirar os óculos.

HOMEM VELHO: O senhor não é jornalista, certo?

ESTÊVÃO: Não.

HOMEM VELHO: Entendo... [*pega o gravador e o desliga*] Então, isto não é mais necessário. [*depois de um silêncio*] O senhor realmente acredita que o que se diz aqui é verdade?

ESTÊVÃO: Por que não haveria de acreditar?

HOMEM VELHO: Porque o senhor não tem nenhuma prova.

ESTÊVÃO: Sabe-se que aconteceram coisas assim.

HOMEM VELHO: Sabe-se que aconteceram coisas assim... Que coisa... Nós tínhamos família, mulheres, filhos... E tínhamos normas a cumprir... Por que iríamos fazer algo como... [*apontando para as cartas*] como isto? Olhe... qual é o nome do senhor?

ESTÊVÃO: Estêvão.

HOMEM VELHO: Se chama assim de verdade?

ESTÊVÃO: Sim.

HOMEM VELHO: Estêvão. Por que o senhor me enganou? Não tinha necessidade. Eu o teria recebido do mesmo jeito. Não tenho nada a esconder.

ESTÊVÃO: Essa mulher, a enfermeira, Irene, ainda está viva, sabe? E se lembra de tudo.

HOMEM VELHO: O senhor falou com ela?

ESTÊVÃO: Sim.

HOMEM VELHO: Eu não sei o que o senhor quer conseguir agora com tudo isso.

ESTÊVÃO: Saber a verdade.

HOMEM VELHO: A verdade? Mas você já pensa que sabe a verdade. Não vai acreditar em mim.

Não quer. E sabe por quê? Porque esta é uma história grandiosa. À altura de suas expectativas. "Eu sou filho do carrasco da minha mãe. Sou uma vítima. Olhem para mim. Filho de um monstro." Todos queremos ser mártires. Pois eu sinto muito, mas não, nada disso está certo.

ESTÊVÃO: Com um teste de DNA o senhor ficaria livre de suspeitas.

HOMEM VELHO: Não tenho mais o que dizer. Agora agradeceria se se retirasse da minha casa.

ESTÊVÃO: Não tem coragem? Se o senhor realmente não tem nada a esconder.

HOMEM VELHO: [*por um momento, com menos serenidade do que havia demonstrado até então*] Não vou colaborar com esse jogo!

ESTÊVÃO: Se não o fizer voluntariamente, o senhor pode ser obrigado...

HOMEM VELHO: O senhor é um mentiroso! O senhor é que entrou aqui se aproveitando da minha boa-fé! E agora... agora se atreve a... Saia da minha casa.

ESTÊVÃO: Certamente haverá algum advogado disposto a se encarregar desse caso. Como o senhor mesmo disse, agora o povo está começando a julgar o que ocorreu. Os velhos falam e os jovens escutam. [*pegando uma das fotografias da cômoda*] Ela tem quase a mesma idade que eu, certo?

HOMEM VELHO: Deixe isso no lugar! [*arranca a foto das mãos de Estevão*]

ESTÊVÃO: Qual seria a opinião dela sobre essas cartas?

HOMEM VELHO: Vou chamar a polícia.

ESTÊVÃO: Não precisa. Já estou de saída.

HOMEM VELHO: E leve tudo isso. [*referindo-se às fotos e às cartas*]

ESTÊVÃO: Não, o senhor pode ficar com elas. São cópias. Eu tenho muitas mais. Talvez, se o senhor olhar mais detidamente para a foto, poderá refrescar a memória.

HOMEM VELHO: Nunca mais volte aqui. Se chegar perto de minha casa ou de minha família...

ESTÊVÃO: O que o senhor vai fazer?

HOMEM VELHO: Não volte. Não ouse. Não me teste.

Permanecem por um momento frente a frente.

O Homem Velho se vira para sua mesa, enquanto Estêvão se volta até a área do laboratório, onde está NN. Olha para ela. Ambos colocam suas mãos na zona do coração, como no final da cena 9.

CENA 14

NN segura o gravador da Médica-legista. Liga-o e começa a se ouvir a voz dela.

VOZ DA MÉDICA-LEGISTA: [*saindo do gravador*] Não é fácil fazer com que alguém desapareça. É necessário muito poder, muita perseverança. A memória, os corpos se esforçam por perdurar além da morte. É necessário muita disciplina, muita cumplicidade.

Enquanto se ouve sua voz, a Médica-legista se aproxima de NN. Começa a dizer o texto junto com a voz que sai do gravador.

MÉDICA-LEGISTA e VOZ DA MÉDICA-LEGISTA: [*saindo do gravador*] Porque o que desapareceu tem que seguir desaparecendo a cada dia, cada dia que se permanece preso sem que deem informações à sua família, cada dia que o assassinam e o enterram sem nome, cada dia que silenciam as fossas e continuam jogando terra e asfalto e medo e esquecimento sobre elas. É necessário muita perseverança, muita cumplicidade para fazer desaparecer tantos milhares de pessoas. Quantas mãos, quantos olhos, quantas bocas caladas são necessárias para continuar fazendo com que desapareçam aqueles que foram tirados de suas casas e ainda não apareceram?

NN: [*em uníssono com outras vozes*] Quantas..., quantos..., quantas... caladas e caladas são necessárias para continuar fazendo com que desapareçam aqueles que foram tirados de suas casas?

CENA 15

Todo o espaço cênico é ocupado pela luz. Agora, a área do Homem Velho é tão ampla que se mistura com a do laboratório. Existe um lugar intermediário em que se sobrepõem elementos de ambos os mundos. Nele está NN.

No laboratório, a Médica-legista está passando para o computador as notas que havia gravado ao longo de sua investigação. Durante toda a cena a vemos escutar fragmentos dos textos que havia gravado e transcrevê-los diante do monitor. Desse modo, sua voz gravada é ouvida às vezes em volume baixo. Permanece alheia a NN e ao Homem Velho.

Enquanto isso, no seu espaço, o Homem Velho olha para as cartas e informes que Estêvão lhe deixou. Parecia observá--los com calma, mas, de repente, e num impulso de raiva, os agarra, os amassa, os rasga. Depois, trata de se tranquilizar. Toma uma decisão: recolhe os pedaços meticulosamente, tira de uma caixa a notícia do jornal que havia recortado na cena 1 junto com algumas outras, pega um isqueiro e começa a queimar todos os papéis.

NN: Não se parece muito contigo. Talvez no formato do/ [*aponta para o nariz e a boca*] Mas, vendo ele na rua, você nunca se daria conta de quem era. Certo, meu tenente? Capitão, agora capitão. Não me parece estranho, você era um bom militar. [*pausa*] Por quê? Por que vocês disseram lá que ele havia morrido? Por quê? Para que/ mentir para mim? E deixar ele sozinho num orfanato. Ele tinha os avós.

HOMEM VELHO: [*continua queimando os papéis. Fala com ela sem olhá-la*] Eu não tive nada a ver com isso.

NN: Era seu filho.

HOMEM VELHO: Lá havia muitos guardas.

NN: Não, meu tenente, não. Ninguém se atreveria. Tinham medo de você.

HOMEM VELHO: Me respeitavam. Só assim podia fazer com que as ordens fossem cumpridas, como eu mesmo as cumpria.

NN: Ordens? Você só cumpria/ ordens? Isso/ você fazia isso? Cumprir ordens?

HOMEM VELHO: [*olhando-a pela primeira vez*] O que você quer agora, Marlene?

NN: Não me chame assim.

HOMEM VELHO: É como sempre te chamei.

NN: Meu nome é Patrícia.

HOMEM VELHO: Patrícia... Ainda acho que Marlene te cai melhor.

NN: Patrícia. Patrícia Luján Alvares. Eu. Nessas fotos! Eu! Antes de tudo aquilo. Vinte e nove anos. Professora. Um metro e sessenta e três. Loura.

HOMEM VELHO: O que é isso? Já se passou muito tempo. O que quer agora? Que te peça perdão? É isso? Eu fiz o que tinha que ser feito. Não sei o que você busca.

NN: Tudo? Tudo o que você fazia/ tudo/ tudo eram ordens? Quem te ordenou/ quem/ o que você me fazia/ quem?

HOMEM VELHO: Nunca te fiz mal.

NN: O medo. O medo é/ te transforma em outra coisa o medo/ em outra pessoa durante um tempo. O som da fechadura, você se lembra? Aquele som seco, e ficar quieta, esperando, sem saber o que você iria fazer. Quieta. O mais morta possível, como um boneco.

HOMEM VELHO: Não. Não era isso. Não era só o medo. Sei como funcionava aquilo. Para vocês era conveniente ter alguém que os protegesse. Alguém como eu. E por isso você sempre me obedecia. Por isso era tão complacente comigo.

NN: As fechaduras/ aquele ruído/ as fechaduras se fechavam por fora, vocês abriam e trancavam as fechaduras. Pelo lado de fora.

HOMEM VELHO: O que quer com isso? Deveria estar agradecida! Se não estivesse estado ali, teria sido pior. Outras mulheres eram estupradas por vários, vários ao mesmo tempo, entendeu? Mas eu nunca teria permitido algo assim. Porque você... você era especial para mim... Contigo era tão fácil, tudo tão fácil... [*se aproxima dela. Como se fosse acariciá-la*]

NN: [*quieta, sem evitá-lo*] Isso não se esquece, meu tenente. Dentro/ [*toca o próprio corpo*] tudo continua aqui dentro. E em você também. Tem que estar guardado aí. [*toca a cabeça dele*] Isso não se apaga nunca. A fechadura e logo o som dos seus passos. Você me olhava, lembra? Acuada num canto como um animalzinho. Talvez adormecida. Você ficava quieto por um momento, me observando, decidindo qual seria o jogo daquele dia. Isso era, para você, um jogo. Ou uma curiosidade. De ver até onde eu poderia aguentar, de ver como ela iria reagir, vamos ver. Me observando e dizendo o que você iria testar naquele dia. Levanta você dizia levanta vem para perto aqui não gosto do seu cheiro passa um pouco disso você me dizia um perfume no seu bolso e um lápis de cor vermelha e você mesmo me maquiava e logo sacava calmamente a pistola você gosta? Sim, verdade? Você gostaria de usar ela? Vem vem tocar ela assim abre ela... ela... calmamente você gosta do sabor? E eu sentia o frio dentro e começava a tremer está carregada você dizia não se mexe tanto que está carregada e depois você entrava e a pistola continuava no seu... agora se mexe agora sim não fique quieta merda assim muito bem assim mais rápido ninguém faz isso como você o sabor ácido do seu sêmen entrando em mim... em mim... e me vinha uma ânsia de vômito e você tenha cuidado não vá vomitar em cima de mim e eu me repetia não sou eu não sou eu! Isso não é meu tudo isso não é estou longe em outro lugar não sou eu não estou! E quando você saía eu queria me arrancar me arrancar inteira de mim e não havia nem água para me lavar e eu tinha que suportar o seu sabor e cuspia! Cuspia! Mas seu sabor continuava dentro filho da puta! Teu sabor! Filho da puta!

Gritando (Filho da puta! Filho da puta!), NN soca o Homem Velho enquanto ele se defende, torpemente, dos punhos dela. NN vai perdendo as forças e a convicção pouco a pouco. O Homem Velho a abraça por um momento, como se a segurasse, mas ela se solta bruscamente e se afasta dele.

NN: Não.

A Médica-legista, no seu lado, terminou de redigir seu relato.

MÉDICA-LEGISTA: Aí está.

NN fica por um momento olhando para o Homem Velho e depois se dirige até a área do laboratório.

HOMEM VELHO: Espera!

NN se aproxima da Médica-legista. Olha o relato no computador.

HOMEM VELHO: Marlene! Eu te ajudei! Marlene!

NN: [*para a Médica-legista*] Obrigada.

CENA 16

Laboratório forense. NN e a Médica-legista. Esta, enquanto fala, pega uma caixa que estava no chão e começa a colocar nela os ossos. Quando chega ao crânio, toca com cuidado o buraco na moleira anterior.

À medida que a Médica-legista desfaz o esqueleto e o guarda, a luz sobre NN vai caindo e sua figura vai desaparecendo de nossa vista lentamente.

MÉDICA-LEGISTA: Logo Estêvão virá para te buscar. Sua família preparou um funeral. Vão te enterrar em um túmulo de verdade, em um lugar para o qual seu filho poderá levar flores. Você está contente?

NN: Não sei.

MÉDICA-LEGISTA: Vai ter uma placa com o seu nome. E você nunca mais será a NN12.

NN: Lá embaixo, na terra, se escutava um rio. Não muito caudaloso. Havia esse ruído, de água quando corre. Enquanto estava ali, no escuro, eu costumava imaginar o que estava acontecendo, o que estava acontecendo comigo/ comigo [*não encontra a palavra, toca seu corpo*] Imaginava como as raízes das plantas iam absorvendo ele pouco a pouco, para cima, pouco a pouco, e depois até as suas folhas. Lá nas folhas, se transformava em ar e, logo, em chuva, uma chuva que caía devagar sobre o rio que se escutava tão perto. Gostava de imaginar que os/ os/ [*volta a olhar seu corpo*] dos que havíamos sido enterrados sem nome se misturavam com essa água/ essa água que deslizava sempre para baixo. Sempre. E que nos ia levando a todos/ a todos juntos, como num redemoinho, até o mar.

A luz desaparece totalmente sobre NN.

A Médica-legista terminou de colocar os restos na caixa. Fecha-a. Lacra-a, sabendo que esse gesto supõe uma despedida.

Depois a afasta, deixa-a guardada em algum lugar, esperando que Estêvão venha buscá-la.

Neste momento, se dirige a outro lugar do laboratório, talvez uma estante, de onde pega uma caixa nova. Começa a abri-la.

Escuro final.

FIM

Por que publicar dramaturgia

Os textos de teatro são escritos de diversas maneiras: durante ensaios, como adaptações de romances, a partir de discussões com encenadores e artistas, solitariamente, vindos de ideias avulsas ou de enredos históricos, além de tantas outras maneiras existentes e por serem inventadas. Pensar o texto dramático como um modo de escrita para além do papel, que tem a vocação de ser dito e atuado, não elimina seu estágio primeiro de literatura. O desejo de pensar sobre as diferenças e confluências entre o texto dramático e o texto essencialmente literário nos levou a elaborar este projeto de publicações: a *Coleção Dramaturgia*. Queríamos propor a reflexão sobre o que faz um texto provocar o impulso da cena ou o que faz um texto prescindir de encenação. E mesmo pensar se essas questões são inerentes ao texto ou a leitura de encenadores e artistas.

O livro é também um modo de levar a peça a outros territórios, a lugares onde ela não foi encenada. Escolas, universidades, grupos de teatro, leitores distraídos, amantes do teatro. Com o livro nas mãos, outras encenações podem ser elaboradas, e outros universos construídos. Os mesmos textos podem ser lidos de outros modos, em outros contextos, em silêncio ou em diálogo. São essas e tantas outras questões que nos instigam a ler os textos dramáticos e a circulá-los em livros.

Publicar a Coleção Dramaturgia Espanhola, que chega às prateleiras após o generoso convite de Márcia Dias à Editora Cobogó, e com o importantíssimo apoio da AC/E (Acción Cultural Española), foi para nós uma oportunidade de discutir outras linguagens no teatro, outros modos de pensar a dramaturgia, outras vozes, e, ainda, expandir nosso diálogo e a construção de uma cultura de *ler teatro*. Ao ampliar nosso catálogo de textos dramáticos com as peças espanholas — ao final deste ano teremos 30 títulos de teatro publicados! —, potencializamos um rico intercâmbio cultural entre as dramaturgias brasileira e espanhola, trazendo aos leitores do Brasil uma visada nova e vibrante, produzida no teatro espanhol.

Isabel Diegues
Editora Cobogó

Dramaturgia espanhola no Brasil

Em 2013, em Madri, por intermédio de Elvira Marco, Elena Díaz e Jorge Sobredo, representantes da Acción Cultural Española – AC/E, conheci o Programa de Intercâmbio Cultural Brasil-Espanha. O principal objetivo do programa seria divulgar a dramaturgia contemporânea espanhola, incentivar a realização das montagens dessas obras por artistas brasileiros, estimular a troca de maneiras de fazer teatro em ambos os lados do Atlântico, promover a integração e fortalecer os laços de intercâmbio cultural entre Brasil e Espanha.

O programa havia, então, selecionado dez obras, através de um comitê de personalidades representativas das artes cênicas espanholas. A ideia inicial seria contratar uma universidade para a tradução dos textos, buscar uma editora brasileira que se interessasse em participar do projeto no formato e-book, programar entrevistas com os autores e promover a difusão dos textos através de leituras dramatizadas com diretores de grupos e companhias brasileiras.

Ao conhecer o programa, comecei a pensar sobre como despertar o interesse de uma editora e de artistas brasileiros para participar dele. O que seria atraente para uma editora, e consequentemente para o leitor, na tradução de um texto da atual dramaturgia espanhola? Como aproximar artistas brasileiros para a leitura de obras espanholas? Como verticalizar a experiência e fazer, de fato, um intercâmbio entre artistas brasileiros e espanhóis? Estimulada por essas e outras questões e percebendo o potencial de articulação, cruzamentos e promoção de encontros que um projeto como esse poderia proporcionar, encampei o programa expandindo suas possibilidades. A ideia, agora, seria aproximar artistas dos dois países em torno de um projeto artístico mais amplo potencializado pelo suporte de festivais internacionais realizados no Brasil que se alinhassem aos objetivos do TEMPO_FESTIVAL, dirigido por mim, Bia Junqueira e César Augusto, principalmente no que se refere ao incentivo à criação e suas diferentes formas de difusão e realização.

A partir de então, convidei quatro festivais integrantes do Núcleo dos Festivais Internacionais de Artes Cênicas do Brasil — Cena Contemporânea – Festival Internacional de Teatro de Brasília; Porto Alegre em Cena – Festival Internacional de Artes Cênicas; Festival Internacional de Artes Cênicas da Bahia – FIAC; e Janeiro de Grandes Espetáculos – Festival Internacional de Artes Cênicas de Pernambuco — para participar do projeto e, juntos, selecionarmos dez artistas de diferentes cidades do Brasil para a tradução e direção das leituras dramáticas dos textos.

Assim, para intensificar a participação e aprofundar o intercâmbio cultural, reafirmando uma das importantes funções dos festivais, decidimos que seriam feitas duas leituras dramáticas a cada festival, com diferentes grupos e companhias de teatro locais, em um formato de residência artística com duração aproximada de cinco dias. Com essa dinâmica, os encontros nos festivais entre o autor, o artista-tradutor e os artistas locais seriam adensados, potencializados. A proposta foi prontamente aceita pela AC/E, uma vez que atenderia amplamente aos objetivos do Programa de Intercâmbio Cultural Brasil-Espanha.

Desde então, venho trabalhando na coordenação do Projeto de Internacionalização da Dramaturgia Espanhola. A primeira etapa foi buscar uma editora brasileira que tivesse o perfil para publicar os livros. Não foi surpresa confirmar o interesse de Isabel Diegues, da Editora Cobogó, que, dentre sua linha de publicações, valoriza a dramaturgia através de livros de textos de teatro, com sua Coleção Dramaturgia.

A segunda etapa foi pensar as leituras das obras espanholas junto aos diretores dos festivais parceiros representados por Paula de Renor, Guilherme Reis, Felipe de Assis e Luciano Alabarse e definir os artistas que poderiam traduzir os textos. Com isso, convidamos Aderbal Freire-Filho, Beatriz Sayad, Cibele Forjaz, Fernando Yamamoto, Gilberto Gawronski, Hugo Rodas, Luís Artur Nunes, Marcio Meirelles, Pedro Brício e Roberto Alvim, que toparam a aventura!

Finalmente, partimos para a edição e produção dos livros, e convidamos os grupos e companhias locais para a realização das residências artísticas e leituras dramáticas, que culminariam no lançamento das publicações em cada um dos festivais parceiros, cumprindo um calendário de julho de 2015 a janeiro de 2016.

Enquanto ainda finalizamos os últimos detalhes das publicações, compartilhando o entusiasmo de diretores, tradutores e tantos outros parceiros da empreitada, imagino quais desdobramentos serão possíveis a partir de janeiro de 2016, quando os livros já estiverem publicados e tivermos experimentado as leituras e conversas sobre dramaturgia. Quem sabe a AC/E não amplie o programa? Quem sabe não estaremos começando a produção de um desses espetáculos no Brasil? Quem sabe essa(s) obra(s) não circule(m) entre outros festivais internacionais do Brasil? Quem sabe não estaremos levando para a Espanha traduções de palavras e de cenas de alguns dos espetáculos, com direção e atuação de artistas brasileiros? Enfim, dos encontros, sem dúvida, muitas ideias irão brotar... Vou adorar dar continuidade ao(s) projeto(s). Fica aqui o registro!

Márcia Dias
Curadora e diretora do TEMPO_FESTIVAL

CIP-BRASIL. CATALOGAÇÃO-NA-FONTE
SINDICATO NACIONAL DOS EDITORES DE LIVROS, RJ

    Morales, Gracia, 1973-
M827n   NN12 / Gracia Morales ; tradução Gilberto Gawronski. - 1. ed.- Rio de Janeiro : Cobogó, 2015.
                                                  88 p. : il. ; 19 cm.

    Tradução de: NN12
    ISBN 978-85-60965-84-7

    1. Teatro espanhol (Literatura). I. Gawronski, Gilberto. II. Título.

15-25275   CDD: 862
                                                                             CDU: 821.134.2-2

Nesta edição, foi respeitado o Acordo Ortográfico da Língua Portuguesa de 1990, que entrou em vigor no Brasil em 2009.

Todos os direitos em língua portuguesa reservados à
Editora de Livros Cobogó Ltda.
Rua Jardim Botânico, 635/406
Rio de Janeiro – RJ – 22470-050
www.cobogo.com.br

© Editora de Livros Cobogó
© AC/E (Sociedad Estatal de Acción Cultural S.A.)

Texto
Gracia Morales

Tradução
Gilberto Gawronski

Idealização do projeto
Acción Cultural Española – AC/E e TEMPO_FESTIVAL

Coordenação geral Brasil
Márcia Dias

Coordenação geral Espanha
Elena Díaz, Jorge Sobredo e Juan Lozano

Editores
Isabel Diegues
Julia Martins Barbosa

Coordenação de produção
Melina Bial

Revisão da tradução
João Sette Camara

Revisão
Eduardo Carneiro

Capa
Radiográfico

Projeto gráfico e diagramação
Mari Taboada

Outros títulos desta coleção:

A PAZ PERPÉTUA, de Juan Mayorga
Tradução Aderbal Freire-Filho

APRÈS MOI, LE DÉLUGE (DEPOIS DE MIM, O DILÚVIO),
de Lluïsa Cunillé
Tradução Marcio Meirelles

ATRA BÍLIS, de Laila Ripoll
Tradução Hugo Rodas

CACHORRO MORTO NA LAVANDERIA: OS FORTES, de Angélica Liddell
Tradução Beatriz Sayad

CLIFF (PRECIPÍCIO), de José Alberto Conejero
Tradução Fernando Yamamoto

DENTRO DA TERRA, de Paco Bezerra
Tradução Roberto Alvim

MÜNCHAUSEN, de Lucía Vilanova
Tradução Pedro Brício

O PRINCÍPIO DE ARQUIMEDES, de Josep Maria Miró i Coromina
Tradução Luís Artur Nunes

OS CORPOS PERDIDOS, de José Manuel Mora
Tradução Cibele Forjaz

2015

1ª impressão

Este livro foi composto em Univers.
Impresso pela gráfica Stamppa
sobre papel Pólen Bold 70g/m².